IMP...BAD ASS → PAGES ←

My BAD ASS goals

Real Girls are never PERFECT and perfect girls are never REAL

BLAH
blah
BLAH

ENJOY
life
EAT
cake

NEVER LOOK BACK

Create your own sunshine

BE WILD

My **BAD ASS** projects

Don't Stop until you are PROUD

GIRL
POWER

....

....

....

....

....

....

....

....

....

....

....

....

....

....

....

....

....

....

....

....

....

....

....

BE
brave

My **BAD ASS** memories

....

....

....

....

....

....

....

....

....

....

....

....

....

....

....

....

....

....

....

....

....

....

....

....

PROUD OF Who I am

make TODAY amazing

who cares?

My BAD ASS ideas

you
REALLY
can do
WHATEVER
you want

you ARE awesome

My BAD ASS dreams

LET'S DO THIS

My **BAD ASS** bucket list

it's kind of **FUN** →→ TO DO THE ←← *impossible*

....
....
....
....
....
....
....
....
....
....
....
....
....
....
....
....
....
....
....
....
....
....

Collect moments not things

My BAD ASS secrets

....

....

....

....

....

....

....

....

....

....

....

....

....

....

....

....

....

....

....

....

....

....

....

a NAP is always a GOOD idea

GIRLS
HAVE
SUPER
POWERS

the Body achieves what the mind Believes

LESS

Catcalls

MORE

Cats

wake up
kick ass
Repeat.